Weekly
MEAL
Planner

This book belongs to

....

....

....

EAT GOOD
FEEL GOOD

Weekly Meal Planner

Breakfast	Lunch	Dinner	Snack

Grocery list

Produce

Meat

Canned Goods

Condiments

Personal

Frozen

Drinks

Paper

Dairy

Baking

Cleaning

Miscellane

Weekly Meal Planner

Breakfast	Lunch	Dinner	Snack

Grocery list

Produce

Meat

Canned Goods

Condiments

Drinks

Personal

Paper

Dairy

Frozen

Baking

Cleaning

Miscellane

Weekly Meal Planner

Breakfast	Lunch	Dinner	Snack

Grocery list

Produce

- ○ _____
- ○ _____
- ○ _____
- ○ _____
- ○ _____
- ○ _____
- ○ _____
- ○ _____
- ○ _____
- ○ _____
- ○ _____
- ○ _____
- ○ _____
- ○ _____
- ○ _____
- ○ _____
- ○ _____

Dairy

- ○ _____
- ○ _____
- ○ _____
- ○ _____
- ○ _____
- ○ _____
- ○ _____
- ○ _____
- ○ _____
- ○ _____
- ○ _____
- ○ _____
- ○ _____
- ○ _____

Meat

- ○ _____
- ○ _____
- ○ _____
- ○ _____
- ○ _____

Canned Goods

- ○ _____
- ○ _____
- ○ _____
- ○ _____
- ○ _____

Frozen

- ○ _____
- ○ _____
- ○ _____
- ○ _____
- ○ _____
- ○ _____

Baking

- ○ _____
- ○ _____
- ○ _____
- ○ _____
- ○ _____
- ○ _____
- ○ _____

Condiments

- ○ _____
- ○ _____
- ○ _____
- ○ _____
- ○ _____
- ○ _____
- ○ _____
- ○ _____
- ○ _____
- ○ _____

Drinks

- ○ _____
- ○ _____
- ○ _____
- ○ _____
- ○ _____
- ○ _____
- ○ _____

Cleaning

- ○ _____
- ○ _____
- ○ _____
- ○ _____
- ○ _____
- ○ _____
- ○ _____

Personal

- ○ _____
- ○ _____
- ○ _____
- ○ _____
- ○ _____
- ○ _____
- ○ _____
- ○ _____
- ○ _____
- ○ _____
- ○ _____
- ○ _____

Paper

- ○ _____
- ○ _____
- ○ _____
- ○ _____
- ○ _____
- ○ _____

Miscellane

- ○ _____
- ○ _____
- ○ _____
- ○ _____
- ○ _____
- ○ _____
- ○ _____

Weekly Meal Planner

Breakfast	Lunch	Dinner	Snack

Grocery list

Produce

- ○ _____
- ○ _____
- ○ _____
- ○ _____
- ○ _____
- ○ _____
- ○ _____
- ○ _____
- ○ _____
- ○ _____
- ○ _____
- ○ _____
- ○ _____
- ○ _____
- ○ _____
- ○ _____
- ○ _____

Dairy

- ○ _____
- ○ _____
- ○ _____
- ○ _____
- ○ _____
- ○ _____
- ○ _____
- ○ _____
- ○ _____
- ○ _____
- ○ _____
- ○ _____
- ○ _____
- ○ _____

Meat

- ○ _____
- ○ _____
- ○ _____
- ○ _____
- ○ _____

Canned Goods

- ○ _____
- ○ _____
- ○ _____
- ○ _____
- ○ _____
- ○ _____

Frozen

- ○ _____
- ○ _____
- ○ _____
- ○ _____
- ○ _____
- ○ _____

Baking

- ○ _____
- ○ _____
- ○ _____
- ○ _____
- ○ _____
- ○ _____
- ○ _____

Condiments

- ○ _____
- ○ _____
- ○ _____
- ○ _____
- ○ _____
- ○ _____
- ○ _____
- ○ _____
- ○ _____
- ○ _____

Drinks

- ○ _____
- ○ _____
- ○ _____
- ○ _____
- ○ _____
- ○ _____
- ○ _____

Cleaning

- ○ _____
- ○ _____
- ○ _____
- ○ _____
- ○ _____
- ○ _____
- ○ _____

Personal

- ○ _____
- ○ _____
- ○ _____
- ○ _____
- ○ _____
- ○ _____
- ○ _____
- ○ _____
- ○ _____
- ○ _____
- ○ _____
- ○ _____
- ○ _____

Paper

- ○ _____
- ○ _____
- ○ _____
- ○ _____
- ○ _____
- ○ _____

Miscellane

- ○ _____
- ○ _____
- ○ _____
- ○ _____
- ○ _____
- ○ _____

Weekly Meal Planner

Breakfast	Lunch	Dinner	Snack

Grocery list

Produce
- ◯ _____
- ◯ _____
- ◯ _____
- ◯ _____
- ◯ _____
- ◯ _____
- ◯ _____
- ◯ _____
- ◯ _____
- ◯ _____
- ◯ _____
- ◯ _____
- ◯ _____
- ◯ _____
- ◯ _____
- ◯ _____
- ◯ _____

Dairy
- ◯ _____
- ◯ _____
- ◯ _____
- ◯ _____
- ◯ _____
- ◯ _____
- ◯ _____
- ◯ _____
- ◯ _____
- ◯ _____
- ◯ _____
- ◯ _____
- ◯ _____
- ◯ _____

Meat
- ◯ _____
- ◯ _____
- ◯ _____
- ◯ _____
- ◯ _____

Canned Goods
- ◯ _____
- ◯ _____
- ◯ _____
- ◯ _____
- ◯ _____
- ◯ _____

Frozen
- ◯ _____
- ◯ _____
- ◯ _____
- ◯ _____
- ◯ _____
- ◯ _____

Baking
- ◯ _____
- ◯ _____
- ◯ _____
- ◯ _____
- ◯ _____
- ◯ _____
- ◯ _____

Condiments
- ◯ _____
- ◯ _____
- ◯ _____
- ◯ _____
- ◯ _____
- ◯ _____
- ◯ _____
- ◯ _____
- ◯ _____

Drinks
- ◯ _____
- ◯ _____
- ◯ _____
- ◯ _____
- ◯ _____
- ◯ _____
- ◯ _____
- ◯ _____

Cleaning
- ◯ _____
- ◯ _____
- ◯ _____
- ◯ _____
- ◯ _____
- ◯ _____
- ◯ _____

Personal
- ◯ _____
- ◯ _____
- ◯ _____
- ◯ _____
- ◯ _____
- ◯ _____
- ◯ _____
- ◯ _____
- ◯ _____
- ◯ _____
- ◯ _____
- ◯ _____

Paper
- ◯ _____
- ◯ _____
- ◯ _____
- ◯ _____
- ◯ _____
- ◯ _____
- ◯ _____

Miscellane
- ◯ _____
- ◯ _____
- ◯ _____
- ◯ _____
- ◯ _____
- ◯ _____
- ◯ _____

Weekly Meal Planner

Breakfast	Lunch	Dinner	Snack

Grocery list

Produce

Meat

Canned Goods

Condiments

Drinks

Personal

Paper

Dairy

Frozen

Baking

Cleaning

Miscellane

Weekly Meal Planner

Breakfast	Lunch	Dinner	Snack

Grocery list

Produce

- ○ _____
- ○ _____
- ○ _____
- ○ _____
- ○ _____
- ○ _____
- ○ _____
- ○ _____
- ○ _____
- ○ _____
- ○ _____
- ○ _____
- ○ _____
- ○ _____
- ○ _____
- ○ _____

Dairy

- ○ _____
- ○ _____
- ○ _____
- ○ _____
- ○ _____
- ○ _____
- ○ _____
- ○ _____
- ○ _____
- ○ _____
- ○ _____
- ○ _____
- ○ _____
- ○ _____

Meat

- ○ _____
- ○ _____
- ○ _____
- ○ _____
- ○ _____

Canned Goods

- ○ _____
- ○ _____
- ○ _____
- ○ _____
- ○ _____
- ○ _____

Frozen

- ○ _____
- ○ _____
- ○ _____
- ○ _____
- ○ _____
- ○ _____

Baking

- ○ _____
- ○ _____
- ○ _____
- ○ _____
- ○ _____
- ○ _____
- ○ _____

Condiments

- ○ _____
- ○ _____
- ○ _____
- ○ _____
- ○ _____
- ○ _____
- ○ _____
- ○ _____
- ○ _____
- ○ _____

Drinks

- ○ _____
- ○ _____
- ○ _____
- ○ _____
- ○ _____
- ○ _____
- ○ _____

Cleaning

- ○ _____
- ○ _____
- ○ _____
- ○ _____
- ○ _____
- ○ _____
- ○ _____

Personal

- ○ _____
- ○ _____
- ○ _____
- ○ _____
- ○ _____
- ○ _____
- ○ _____
- ○ _____
- ○ _____
- ○ _____
- ○ _____

Paper

- ○ _____
- ○ _____
- ○ _____
- ○ _____
- ○ _____
- ○ _____

Miscellane

- ○ _____
- ○ _____
- ○ _____
- ○ _____
- ○ _____
- ○ _____
- ○ _____

Weekly Meal Planner

Breakfast	Lunch	Dinner	Snack

Grocery list

Produce

- ○ _____
- ○ _____
- ○ _____
- ○ _____
- ○ _____
- ○ _____
- ○ _____
- ○ _____
- ○ _____
- ○ _____
- ○ _____
- ○ _____
- ○ _____
- ○ _____
- ○ _____
- ○ _____
- ○ _____

Dairy

- ○ _____
- ○ _____
- ○ _____
- ○ _____
- ○ _____
- ○ _____
- ○ _____
- ○ _____
- ○ _____
- ○ _____
- ○ _____
- ○ _____
- ○ _____
- ○ _____
- ○ _____

Meat

- ○ _____
- ○ _____
- ○ _____
- ○ _____
- ○ _____

Canned Goods

- ○ _____
- ○ _____
- ○ _____
- ○ _____
- ○ _____
- ○ _____

Frozen

- ○ _____
- ○ _____
- ○ _____
- ○ _____
- ○ _____
- ○ _____

Baking

- ○ _____
- ○ _____
- ○ _____
- ○ _____
- ○ _____
- ○ _____
- ○ _____

Condiments

- ○ _____
- ○ _____
- ○ _____
- ○ _____
- ○ _____
- ○ _____
- ○ _____
- ○ _____
- ○ _____

Drinks

- ○ _____
- ○ _____
- ○ _____
- ○ _____
- ○ _____
- ○ _____
- ○ _____

Cleaning

- ○ _____
- ○ _____
- ○ _____
- ○ _____
- ○ _____
- ○ _____
- ○ _____

Personal

- ○ _____
- ○ _____
- ○ _____
- ○ _____
- ○ _____
- ○ _____
- ○ _____
- ○ _____
- ○ _____
- ○ _____
- ○ _____

Paper

- ○ _____
- ○ _____
- ○ _____
- ○ _____
- ○ _____
- ○ _____
- ○ _____

Miscellane

- ○ _____
- ○ _____
- ○ _____
- ○ _____
- ○ _____
- ○ _____

Weekly Meal Planner

Breakfast	Lunch	Dinner	Snack

Grocery list

Produce

- ○ _____
- ○ _____
- ○ _____
- ○ _____
- ○ _____
- ○ _____
- ○ _____
- ○ _____
- ○ _____
- ○ _____
- ○ _____
- ○ _____
- ○ _____
- ○ _____
- ○ _____
- ○ _____
- ○ _____
- ○ _____

Dairy

- ○ _____
- ○ _____
- ○ _____
- ○ _____
- ○ _____
- ○ _____
- ○ _____
- ○ _____
- ○ _____
- ○ _____
- ○ _____
- ○ _____
- ○ _____
- ○ _____
- ○ _____

Meat

- ○ _____
- ○ _____
- ○ _____
- ○ _____
- ○ _____

Canned Goods

- ○ _____
- ○ _____
- ○ _____
- ○ _____
- ○ _____
- ○ _____

Frozen

- ○ _____
- ○ _____
- ○ _____
- ○ _____
- ○ _____
- ○ _____

Baking

- ○ _____
- ○ _____
- ○ _____
- ○ _____
- ○ _____
- ○ _____
- ○ _____
- ○ _____

Condiments

- ○ _____
- ○ _____
- ○ _____
- ○ _____
- ○ _____
- ○ _____
- ○ _____
- ○ _____
- ○ _____
- ○ _____

Drinks

- ○ _____
- ○ _____
- ○ _____
- ○ _____
- ○ _____
- ○ _____
- ○ _____
- ○ _____

Cleaning

- ○ _____
- ○ _____
- ○ _____
- ○ _____
- ○ _____
- ○ _____
- ○ _____
- ○ _____

Personal

- ○ _____
- ○ _____
- ○ _____
- ○ _____
- ○ _____
- ○ _____
- ○ _____
- ○ _____
- ○ _____
- ○ _____
- ○ _____
- ○ _____

Paper

- ○ _____
- ○ _____
- ○ _____
- ○ _____
- ○ _____
- ○ _____

Miscellane

- ○ _____
- ○ _____
- ○ _____
- ○ _____
- ○ _____
- ○ _____

Weekly Meal Planner

Breakfast	Lunch	Dinner	Snack

Grocery list

Produce
- ○ _____
- ○ _____
- ○ _____
- ○ _____
- ○ _____
- ○ _____
- ○ _____
- ○ _____
- ○ _____
- ○ _____
- ○ _____
- ○ _____
- ○ _____
- ○ _____
- ○ _____
- ○ _____
- ○ _____
- ○ _____

Dairy
- ○ _____
- ○ _____
- ○ _____
- ○ _____
- ○ _____
- ○ _____
- ○ _____
- ○ _____
- ○ _____
- ○ _____
- ○ _____
- ○ _____
- ○ _____
- ○ _____
- ○ _____

Meat
- ○ _____
- ○ _____
- ○ _____
- ○ _____
- ○ _____

Canned Goods
- ○ _____
- ○ _____
- ○ _____
- ○ _____
- ○ _____
- ○ _____

Frozen
- ○ _____
- ○ _____
- ○ _____
- ○ _____
- ○ _____
- ○ _____

Baking
- ○ _____
- ○ _____
- ○ _____
- ○ _____
- ○ _____
- ○ _____
- ○ _____

Condiments
- ○ _____
- ○ _____
- ○ _____
- ○ _____
- ○ _____
- ○ _____
- ○ _____
- ○ _____
- ○ _____
- ○ _____
- ○ _____

Drinks
- ○ _____
- ○ _____
- ○ _____
- ○ _____
- ○ _____
- ○ _____
- ○ _____

Cleaning
- ○ _____
- ○ _____
- ○ _____
- ○ _____
- ○ _____
- ○ _____
- ○ _____
- ○ _____

Personal
- ○ _____
- ○ _____
- ○ _____
- ○ _____
- ○ _____
- ○ _____
- ○ _____
- ○ _____
- ○ _____
- ○ _____
- ○ _____
- ○ _____

Paper
- ○ _____
- ○ _____
- ○ _____
- ○ _____
- ○ _____
- ○ _____

Miscellane
- ○ _____
- ○ _____
- ○ _____
- ○ _____
- ○ _____
- ○ _____

Weekly Meal Planner

Breakfast	Lunch	Dinner	Snack

Grocery list

Produce
- ○ _____
- ○ _____
- ○ _____
- ○ _____
- ○ _____
- ○ _____
- ○ _____
- ○ _____
- ○ _____
- ○ _____
- ○ _____
- ○ _____
- ○ _____
- ○ _____
- ○ _____
- ○ _____
- ○ _____

Dairy
- ○ _____
- ○ _____
- ○ _____
- ○ _____
- ○ _____
- ○ _____
- ○ _____
- ○ _____
- ○ _____
- ○ _____
- ○ _____
- ○ _____
- ○ _____
- ○ _____
- ○ _____

Meat
- ○ _____
- ○ _____
- ○ _____
- ○ _____
- ○ _____

Canned Goods
- ○ _____
- ○ _____
- ○ _____
- ○ _____
- ○ _____

Frozen
- ○ _____
- ○ _____
- ○ _____
- ○ _____
- ○ _____

Baking
- ○ _____
- ○ _____
- ○ _____
- ○ _____
- ○ _____
- ○ _____
- ○ _____

Condiments
- ○ _____
- ○ _____
- ○ _____
- ○ _____
- ○ _____
- ○ _____
- ○ _____
- ○ _____
- ○ _____
- ○ _____
- ○ _____

Drinks
- ○ _____
- ○ _____
- ○ _____
- ○ _____
- ○ _____
- ○ _____
- ○ _____

Cleaning
- ○ _____
- ○ _____
- ○ _____
- ○ _____
- ○ _____
- ○ _____

Personal
- ○ _____
- ○ _____
- ○ _____
- ○ _____
- ○ _____
- ○ _____
- ○ _____
- ○ _____
- ○ _____
- ○ _____
- ○ _____

Paper
- ○ _____
- ○ _____
- ○ _____
- ○ _____
- ○ _____
- ○ _____

Miscellane
- ○ _____
- ○ _____
- ○ _____
- ○ _____
- ○ _____
- ○ _____
- ○ _____

Weekly Meal Planner

Breakfast	Lunch	Dinner	Snack

Grocery list

Produce

- ○ _____
- ○ _____
- ○ _____
- ○ _____
- ○ _____
- ○ _____
- ○ _____
- ○ _____
- ○ _____
- ○ _____
- ○ _____
- ○ _____
- ○ _____
- ○ _____
- ○ _____
- ○ _____
- ○ _____
- ○ _____

Dairy

- ○ _____
- ○ _____
- ○ _____
- ○ _____
- ○ _____
- ○ _____
- ○ _____
- ○ _____
- ○ _____
- ○ _____
- ○ _____
- ○ _____
- ○ _____
- ○ _____
- ○ _____

Meat

- ○ _____
- ○ _____
- ○ _____
- ○ _____
- ○ _____

Canned Goods

- ○ _____
- ○ _____
- ○ _____
- ○ _____
- ○ _____
- ○ _____

Frozen

- ○ _____
- ○ _____
- ○ _____
- ○ _____
- ○ _____
- ○ _____

Baking

- ○ _____
- ○ _____
- ○ _____
- ○ _____
- ○ _____
- ○ _____
- ○ _____
- ○ _____

Condiments

- ○ _____
- ○ _____
- ○ _____
- ○ _____
- ○ _____
- ○ _____
- ○ _____
- ○ _____
- ○ _____
- ○ _____

Drinks

- ○ _____
- ○ _____
- ○ _____
- ○ _____
- ○ _____
- ○ _____
- ○ _____
- ○ _____

Cleaning

- ○ _____
- ○ _____
- ○ _____
- ○ _____
- ○ _____
- ○ _____
- ○ _____

Personal

- ○ _____
- ○ _____
- ○ _____
- ○ _____
- ○ _____
- ○ _____
- ○ _____
- ○ _____
- ○ _____
- ○ _____
- ○ _____
- ○ _____
- ○ _____

Paper

- ○ _____
- ○ _____
- ○ _____
- ○ _____
- ○ _____
- ○ _____
- ○ _____

Miscellane

- ○ _____
- ○ _____
- ○ _____
- ○ _____
- ○ _____
- ○ _____

Weekly Meal Planner

Breakfast	Lunch	Dinner	Snack

Grocery list

Produce
- ○ _____
- ○ _____
- ○ _____
- ○ _____
- ○ _____
- ○ _____
- ○ _____
- ○ _____
- ○ _____
- ○ _____
- ○ _____
- ○ _____
- ○ _____
- ○ _____
- ○ _____
- ○ _____

Dairy
- ○ _____
- ○ _____
- ○ _____
- ○ _____
- ○ _____
- ○ _____
- ○ _____
- ○ _____
- ○ _____
- ○ _____
- ○ _____
- ○ _____
- ○ _____

Meat
- ○ _____
- ○ _____
- ○ _____
- ○ _____
- ○ _____

Canned Goods
- ○ _____
- ○ _____
- ○ _____
- ○ _____
- ○ _____

Frozen
- ○ _____
- ○ _____
- ○ _____
- ○ _____
- ○ _____
- ○ _____

Baking
- ○ _____
- ○ _____
- ○ _____
- ○ _____
- ○ _____
- ○ _____
- ○ _____

Condiments
- ○ _____
- ○ _____
- ○ _____
- ○ _____
- ○ _____
- ○ _____
- ○ _____
- ○ _____
- ○ _____

Drinks
- ○ _____
- ○ _____
- ○ _____
- ○ _____
- ○ _____
- ○ _____
- ○ _____

Cleaning
- ○ _____
- ○ _____
- ○ _____
- ○ _____
- ○ _____
- ○ _____

Personal
- ○ _____
- ○ _____
- ○ _____
- ○ _____
- ○ _____
- ○ _____
- ○ _____
- ○ _____
- ○ _____
- ○ _____
- ○ _____
- ○ _____

Paper
- ○ _____
- ○ _____
- ○ _____
- ○ _____
- ○ _____
- ○ _____

Miscellane
- ○ _____
- ○ _____
- ○ _____
- ○ _____
- ○ _____
- ○ _____

Weekly Meal Planner

Breakfast	Lunch	Dinner	Snack

Grocery list

Produce

- ○ _____
- ○ _____
- ○ _____
- ○ _____
- ○ _____
- ○ _____
- ○ _____
- ○ _____
- ○ _____
- ○ _____
- ○ _____
- ○ _____
- ○ _____
- ○ _____
- ○ _____
- ○ _____
- ○ _____

Dairy

- ○ _____
- ○ _____
- ○ _____
- ○ _____
- ○ _____
- ○ _____
- ○ _____
- ○ _____
- ○ _____
- ○ _____
- ○ _____
- ○ _____
- ○ _____
- ○ _____

Meat

- ○ _____
- ○ _____
- ○ _____
- ○ _____
- ○ _____

Canned Goods

- ○ _____
- ○ _____
- ○ _____
- ○ _____
- ○ _____
- ○ _____

Frozen

- ○ _____
- ○ _____
- ○ _____
- ○ _____
- ○ _____
- ○ _____

Baking

- ○ _____
- ○ _____
- ○ _____
- ○ _____
- ○ _____
- ○ _____
- ○ _____

Condiments

- ○ _____
- ○ _____
- ○ _____
- ○ _____
- ○ _____
- ○ _____
- ○ _____
- ○ _____

Drinks

- ○ _____
- ○ _____
- ○ _____
- ○ _____
- ○ _____
- ○ _____
- ○ _____
- ○ _____

Cleaning

- ○ _____
- ○ _____
- ○ _____
- ○ _____
- ○ _____
- ○ _____
- ○ _____

Personal

- ○ _____
- ○ _____
- ○ _____
- ○ _____
- ○ _____
- ○ _____
- ○ _____
- ○ _____
- ○ _____
- ○ _____
- ○ _____
- ○ _____

Paper

- ○ _____
- ○ _____
- ○ _____
- ○ _____
- ○ _____

Miscellane

- ○ _____
- ○ _____
- ○ _____
- ○ _____
- ○ _____
- ○ _____

Weekly Meal Planner

Breakfast	Lunch	Dinner	Snack

Grocery list

Produce

- ◯ _____
- ◯ _____
- ◯ _____
- ◯ _____
- ◯ _____
- ◯ _____
- ◯ _____
- ◯ _____
- ◯ _____
- ◯ _____
- ◯ _____
- ◯ _____
- ◯ _____
- ◯ _____
- ◯ _____
- ◯ _____
- ◯ _____

Dairy

- ◯ _____
- ◯ _____
- ◯ _____
- ◯ _____
- ◯ _____
- ◯ _____
- ◯ _____
- ◯ _____
- ◯ _____
- ◯ _____
- ◯ _____
- ◯ _____
- ◯ _____
- ◯ _____

Meat

- ◯ _____
- ◯ _____
- ◯ _____
- ◯ _____
- ◯ _____

Canned Goods

- ◯ _____
- ◯ _____
- ◯ _____
- ◯ _____
- ◯ _____
- ◯ _____

Frozen

- ◯ _____
- ◯ _____
- ◯ _____
- ◯ _____
- ◯ _____
- ◯ _____

Baking

- ◯ _____
- ◯ _____
- ◯ _____
- ◯ _____
- ◯ _____
- ◯ _____
- ◯ _____
- ◯ _____

Condiments

- ◯ _____
- ◯ _____
- ◯ _____
- ◯ _____
- ◯ _____
- ◯ _____
- ◯ _____
- ◯ _____
- ◯ _____
- ◯ _____

Drinks

- ◯ _____
- ◯ _____
- ◯ _____
- ◯ _____
- ◯ _____
- ◯ _____
- ◯ _____

Cleaning

- ◯ _____
- ◯ _____
- ◯ _____
- ◯ _____
- ◯ _____
- ◯ _____
- ◯ _____

Personal

- ◯ _____
- ◯ _____
- ◯ _____
- ◯ _____
- ◯ _____
- ◯ _____
- ◯ _____
- ◯ _____
- ◯ _____
- ◯ _____

Paper

- ◯ _____
- ◯ _____
- ◯ _____
- ◯ _____
- ◯ _____

Miscellane

- ◯ _____
- ◯ _____
- ◯ _____
- ◯ _____
- ◯ _____
- ◯ _____

Weekly Meal Planner

Breakfast	Lunch	Dinner	Snack

Grocery list

Produce

Meat

Canned Goods

Condiments

Personal

Dairy

Frozen

Drinks

Paper

Baking

Cleaning

Miscellane

Weekly Meal Planner

Breakfast	Lunch	Dinner	Snack

Grocery list

Produce
- ○ _____
- ○ _____
- ○ _____
- ○ _____
- ○ _____
- ○ _____
- ○ _____
- ○ _____
- ○ _____
- ○ _____
- ○ _____
- ○ _____
- ○ _____
- ○ _____
- ○ _____
- ○ _____

Dairy
- ○ _____
- ○ _____
- ○ _____
- ○ _____
- ○ _____
- ○ _____
- ○ _____
- ○ _____
- ○ _____
- ○ _____
- ○ _____
- ○ _____
- ○ _____
- ○ _____
- ○ _____

Meat
- ○ _____
- ○ _____
- ○ _____
- ○ _____
- ○ _____

Canned Goods
- ○ _____
- ○ _____
- ○ _____
- ○ _____
- ○ _____

Frozen
- ○ _____
- ○ _____
- ○ _____
- ○ _____
- ○ _____

Baking
- ○ _____
- ○ _____
- ○ _____
- ○ _____
- ○ _____
- ○ _____

Condiments
- ○ _____
- ○ _____
- ○ _____
- ○ _____
- ○ _____
- ○ _____
- ○ _____
- ○ _____

Drinks
- ○ _____
- ○ _____
- ○ _____
- ○ _____
- ○ _____
- ○ _____
- ○ _____

Cleaning
- ○ _____
- ○ _____
- ○ _____
- ○ _____
- ○ _____
- ○ _____

Personal
- ○ _____
- ○ _____
- ○ _____
- ○ _____
- ○ _____
- ○ _____
- ○ _____
- ○ _____
- ○ _____
- ○ _____
- ○ _____

Paper
- ○ _____
- ○ _____
- ○ _____
- ○ _____
- ○ _____

Miscellane
- ○ _____
- ○ _____
- ○ _____
- ○ _____
- ○ _____
- ○ _____
- ○ _____

Weekly Meal Planner

Breakfast	Lunch	Dinner	Snack

Grocery list

Produce

- ○ _____
- ○ _____
- ○ _____
- ○ _____
- ○ _____
- ○ _____
- ○ _____
- ○ _____
- ○ _____
- ○ _____
- ○ _____
- ○ _____
- ○ _____
- ○ _____
- ○ _____
- ○ _____
- ○ _____

Dairy

- ○ _____
- ○ _____
- ○ _____
- ○ _____
- ○ _____
- ○ _____
- ○ _____
- ○ _____
- ○ _____
- ○ _____
- ○ _____
- ○ _____
- ○ _____
- ○ _____

Meat

- ○ _____
- ○ _____
- ○ _____
- ○ _____
- ○ _____

Canned Goods

- ○ _____
- ○ _____
- ○ _____
- ○ _____
- ○ _____
- ○ _____

Frozen

- ○ _____
- ○ _____
- ○ _____
- ○ _____
- ○ _____
- ○ _____

Baking

- ○ _____
- ○ _____
- ○ _____
- ○ _____
- ○ _____
- ○ _____
- ○ _____

Condiments

- ○ _____
- ○ _____
- ○ _____
- ○ _____
- ○ _____
- ○ _____
- ○ _____
- ○ _____
- ○ _____
- ○ _____

Drinks

- ○ _____
- ○ _____
- ○ _____
- ○ _____
- ○ _____
- ○ _____
- ○ _____

Cleaning

- ○ _____
- ○ _____
- ○ _____
- ○ _____
- ○ _____
- ○ _____
- ○ _____
- ○ _____

Personal

- ○ _____
- ○ _____
- ○ _____
- ○ _____
- ○ _____
- ○ _____
- ○ _____
- ○ _____
- ○ _____

Paper

- ○ _____
- ○ _____
- ○ _____
- ○ _____
- ○ _____
- ○ _____

Miscellan

- ○ _____
- ○ _____
- ○ _____
- ○ _____
- ○ _____
- ○ _____
- ○ _____

Weekly Meal Planner

Breakfast	Lunch	Dinner	Snack

Grocery list

Produce
- ○ _____
- ○ _____
- ○ _____
- ○ _____
- ○ _____
- ○ _____
- ○ _____
- ○ _____
- ○ _____
- ○ _____
- ○ _____
- ○ _____
- ○ _____
- ○ _____
- ○ _____
- ○ _____
- ○ _____

Dairy
- ○ _____
- ○ _____
- ○ _____
- ○ _____
- ○ _____
- ○ _____
- ○ _____
- ○ _____
- ○ _____
- ○ _____
- ○ _____
- ○ _____
- ○ _____
- ○ _____
- ○ _____

Meat
- ○ _____
- ○ _____
- ○ _____
- ○ _____
- ○ _____

Canned Goods
- ○ _____
- ○ _____
- ○ _____
- ○ _____
- ○ _____

Frozen
- ○ _____
- ○ _____
- ○ _____
- ○ _____
- ○ _____

Baking
- ○ _____
- ○ _____
- ○ _____
- ○ _____
- ○ _____
- ○ _____
- ○ _____

Condiments
- ○ _____
- ○ _____
- ○ _____
- ○ _____
- ○ _____
- ○ _____
- ○ _____
- ○ _____
- ○ _____

Drinks
- ○ _____
- ○ _____
- ○ _____
- ○ _____
- ○ _____
- ○ _____
- ○ _____

Cleaning
- ○ _____
- ○ _____
- ○ _____
- ○ _____
- ○ _____
- ○ _____
- ○ _____

Personal
- ○ _____
- ○ _____
- ○ _____
- ○ _____
- ○ _____
- ○ _____
- ○ _____
- ○ _____
- ○ _____
- ○ _____
- ○ _____

Paper
- ○ _____
- ○ _____
- ○ _____
- ○ _____
- ○ _____
- ○ _____

Miscellan
- ○ _____
- ○ _____
- ○ _____
- ○ _____
- ○ _____
- ○ _____
- ○ _____

Weekly Meal Planner

Breakfast	Lunch	Dinner	Snack

Grocery list

Produce
- ○ _____
- ○ _____
- ○ _____
- ○ _____
- ○ _____
- ○ _____
- ○ _____
- ○ _____
- ○ _____
- ○ _____
- ○ _____
- ○ _____
- ○ _____
- ○ _____
- ○ _____
- ○ _____
- ○ _____

Dairy
- ○ _____
- ○ _____
- ○ _____
- ○ _____
- ○ _____
- ○ _____
- ○ _____
- ○ _____
- ○ _____
- ○ _____
- ○ _____
- ○ _____
- ○ _____
- ○ _____
- ○ _____

Meat
- ○ _____
- ○ _____
- ○ _____
- ○ _____
- ○ _____

Canned Goods
- ○ _____
- ○ _____
- ○ _____
- ○ _____
- ○ _____
- ○ _____

Frozen
- ○ _____
- ○ _____
- ○ _____
- ○ _____
- ○ _____
- ○ _____

Baking
- ○ _____
- ○ _____
- ○ _____
- ○ _____
- ○ _____
- ○ _____
- ○ _____

Condiments
- ○ _____
- ○ _____
- ○ _____
- ○ _____
- ○ _____
- ○ _____
- ○ _____
- ○ _____
- ○ _____
- ○ _____

Drinks
- ○ _____
- ○ _____
- ○ _____
- ○ _____
- ○ _____
- ○ _____

Cleaning
- ○ _____
- ○ _____
- ○ _____
- ○ _____
- ○ _____
- ○ _____
- ○ _____
- ○ _____

Personal
- ○ _____
- ○ _____
- ○ _____
- ○ _____
- ○ _____
- ○ _____
- ○ _____
- ○ _____
- ○ _____
- ○ _____

Paper
- ○ _____
- ○ _____
- ○ _____
- ○ _____
- ○ _____
- ○ _____

Miscellane
- ○ _____
- ○ _____
- ○ _____
- ○ _____
- ○ _____
- ○ _____
- ○ _____

Weekly Meal Planner

Breakfast	Lunch	Dinner	Snack

Grocery list

Produce
- ○ _____
- ○ _____
- ○ _____
- ○ _____
- ○ _____
- ○ _____
- ○ _____
- ○ _____
- ○ _____
- ○ _____
- ○ _____
- ○ _____
- ○ _____
- ○ _____
- ○ _____
- ○ _____

Dairy
- ○ _____
- ○ _____
- ○ _____
- ○ _____
- ○ _____
- ○ _____
- ○ _____
- ○ _____
- ○ _____
- ○ _____
- ○ _____
- ○ _____
- ○ _____
- ○ _____
- ○ _____

Meat
- ○ _____
- ○ _____
- ○ _____
- ○ _____
- ○ _____

Canned Goods
- ○ _____
- ○ _____
- ○ _____
- ○ _____
- ○ _____
- ○ _____

Frozen
- ○ _____
- ○ _____
- ○ _____
- ○ _____
- ○ _____
- ○ _____

Baking
- ○ _____
- ○ _____
- ○ _____
- ○ _____
- ○ _____
- ○ _____
- ○ _____

Condiments
- ○ _____
- ○ _____
- ○ _____
- ○ _____
- ○ _____
- ○ _____
- ○ _____
- ○ _____

Drinks
- ○ _____
- ○ _____
- ○ _____
- ○ _____
- ○ _____
- ○ _____
- ○ _____

Cleaning
- ○ _____
- ○ _____
- ○ _____
- ○ _____
- ○ _____
- ○ _____
- ○ _____

Personal
- ○ _____
- ○ _____
- ○ _____
- ○ _____
- ○ _____
- ○ _____
- ○ _____
- ○ _____
- ○ _____
- ○ _____
- ○ _____

Paper
- ○ _____
- ○ _____
- ○ _____
- ○ _____
- ○ _____
- ○ _____

Miscellane
- ○ _____
- ○ _____
- ○ _____
- ○ _____
- ○ _____
- ○ _____
- ○ _____

Weekly Meal Planner

Breakfast	Lunch	Dinner	Snack

Grocery list

Produce

- ○ _____
- ○ _____
- ○ _____
- ○ _____
- ○ _____
- ○ _____
- ○ _____
- ○ _____
- ○ _____
- ○ _____
- ○ _____
- ○ _____
- ○ _____
- ○ _____
- ○ _____
- ○ _____
- ○ _____

Meat

- ○ _____
- ○ _____
- ○ _____
- ○ _____
- ○ _____

Canned Goods

- ○ _____
- ○ _____
- ○ _____
- ○ _____
- ○ _____
- ○ _____

Frozen

- ○ _____
- ○ _____
- ○ _____
- ○ _____
- ○ _____
- ○ _____

Baking

- ○ _____
- ○ _____
- ○ _____
- ○ _____
- ○ _____
- ○ _____
- ○ _____

Condiments

- ○ _____
- ○ _____
- ○ _____
- ○ _____
- ○ _____
- ○ _____
- ○ _____
- ○ _____
- ○ _____

Drinks

- ○ _____
- ○ _____
- ○ _____
- ○ _____
- ○ _____
- ○ _____
- ○ _____

Cleaning

- ○ _____
- ○ _____
- ○ _____
- ○ _____
- ○ _____
- ○ _____
- ○ _____

Personal

- ○ _____
- ○ _____
- ○ _____
- ○ _____
- ○ _____
- ○ _____
- ○ _____
- ○ _____
- ○ _____
- ○ _____
- ○ _____
- ○ _____

Paper

- ○ _____
- ○ _____
- ○ _____
- ○ _____
- ○ _____
- ○ _____

Miscellan

- ○ _____
- ○ _____
- ○ _____
- ○ _____
- ○ _____
- ○ _____

Dairy

- ○ _____
- ○ _____
- ○ _____
- ○ _____
- ○ _____
- ○ _____
- ○ _____
- ○ _____
- ○ _____
- ○ _____
- ○ _____
- ○ _____
- ○ _____
- ○ _____

Weekly Meal Planner

Breakfast	Lunch	Dinner	Snack

Grocery list

Produce
- ○ _____
- ○ _____
- ○ _____
- ○ _____
- ○ _____
- ○ _____
- ○ _____
- ○ _____
- ○ _____
- ○ _____
- ○ _____
- ○ _____
- ○ _____
- ○ _____
- ○ _____
- ○ _____
- ○ _____
- ○ _____

Dairy
- ○ _____
- ○ _____
- ○ _____
- ○ _____
- ○ _____
- ○ _____
- ○ _____
- ○ _____
- ○ _____
- ○ _____
- ○ _____
- ○ _____
- ○ _____
- ○ _____
- ○ _____

Meat
- ○ _____
- ○ _____
- ○ _____
- ○ _____
- ○ _____

Canned Goods
- ○ _____
- ○ _____
- ○ _____
- ○ _____
- ○ _____
- ○ _____

Frozen
- ○ _____
- ○ _____
- ○ _____
- ○ _____
- ○ _____
- ○ _____

Baking
- ○ _____
- ○ _____
- ○ _____
- ○ _____
- ○ _____
- ○ _____
- ○ _____
- ○ _____

Condiments
- ○ _____
- ○ _____
- ○ _____
- ○ _____
- ○ _____
- ○ _____
- ○ _____
- ○ _____
- ○ _____
- ○ _____

Drinks
- ○ _____
- ○ _____
- ○ _____
- ○ _____
- ○ _____
- ○ _____
- ○ _____
- ○ _____

Cleaning
- ○ _____
- ○ _____
- ○ _____
- ○ _____
- ○ _____
- ○ _____
- ○ _____

Personal
- ○ _____
- ○ _____
- ○ _____
- ○ _____
- ○ _____
- ○ _____
- ○ _____
- ○ _____
- ○ _____
- ○ _____
- ○ _____

Paper
- ○ _____
- ○ _____
- ○ _____
- ○ _____
- ○ _____
- ○ _____

Miscellane
- ○ _____
- ○ _____
- ○ _____
- ○ _____
- ○ _____
- ○ _____
- ○ _____

Weekly Meal Planner

Breakfast	Lunch	Dinner	Snack

Grocery list

Produce

Meat

Canned Goods

Condiments

Drinks

Personal

Paper

Dairy

Frozen

Baking

Cleaning

Miscellane

of.......

Weekly Meal Planner

Breakfast	Lunch	Dinner	Snack

Grocery list

Produce

- ○ _____
- ○ _____
- ○ _____
- ○ _____
- ○ _____
- ○ _____
- ○ _____
- ○ _____
- ○ _____
- ○ _____
- ○ _____
- ○ _____
- ○ _____
- ○ _____
- ○ _____
- ○ _____

Meat

- ○ _____
- ○ _____
- ○ _____
- ○ _____
- ○ _____

Canned Goods

- ○ _____
- ○ _____
- ○ _____
- ○ _____
- ○ _____
- ○ _____

Condiments

- ○ _____
- ○ _____
- ○ _____
- ○ _____
- ○ _____
- ○ _____
- ○ _____
- ○ _____
- ○ _____
- ○ _____

Personal

- ○ _____
- ○ _____
- ○ _____
- ○ _____
- ○ _____
- ○ _____
- ○ _____
- ○ _____
- ○ _____
- ○ _____

Dairy

- ○ _____
- ○ _____
- ○ _____
- ○ _____
- ○ _____
- ○ _____
- ○ _____
- ○ _____
- ○ _____
- ○ _____
- ○ _____
- ○ _____
- ○ _____
- ○ _____

Frozen

- ○ _____
- ○ _____
- ○ _____
- ○ _____
- ○ _____

Drinks

- ○ _____
- ○ _____
- ○ _____
- ○ _____
- ○ _____
- ○ _____
- ○ _____

Paper

- ○ _____
- ○ _____
- ○ _____
- ○ _____
- ○ _____
- ○ _____

Baking

- ○ _____
- ○ _____
- ○ _____
- ○ _____
- ○ _____
- ○ _____
- ○ _____

Cleaning

- ○ _____
- ○ _____
- ○ _____
- ○ _____
- ○ _____
- ○ _____
- ○ _____

Miscellane

- ○ _____
- ○ _____
- ○ _____
- ○ _____
- ○ _____
- ○ _____
- ○ _____

of.......

Weekly Meal Planner

Breakfast	Lunch	Dinner	Snack

Grocery list

Produce

- ○ _____
- ○ _____
- ○ _____
- ○ _____
- ○ _____
- ○ _____
- ○ _____
- ○ _____
- ○ _____
- ○ _____
- ○ _____
- ○ _____
- ○ _____
- ○ _____
- ○ _____
- ○ _____
- ○ _____
- ○ _____

Meat

- ○ _____
- ○ _____
- ○ _____
- ○ _____
- ○ _____

Canned Goods

- ○ _____
- ○ _____
- ○ _____
- ○ _____
- ○ _____
- ○ _____

Frozen

- ○ _____
- ○ _____
- ○ _____
- ○ _____
- ○ _____
- ○ _____

Baking

- ○ _____
- ○ _____
- ○ _____
- ○ _____
- ○ _____
- ○ _____
- ○ _____
- ○ _____

Condiments

- ○ _____
- ○ _____
- ○ _____
- ○ _____
- ○ _____
- ○ _____
- ○ _____
- ○ _____
- ○ _____
- ○ _____

Drinks

- ○ _____
- ○ _____
- ○ _____
- ○ _____
- ○ _____
- ○ _____
- ○ _____

Cleaning

- ○ _____
- ○ _____
- ○ _____
- ○ _____
- ○ _____
- ○ _____
- ○ _____
- ○ _____

Personal

- ○ _____
- ○ _____
- ○ _____
- ○ _____
- ○ _____
- ○ _____
- ○ _____
- ○ _____
- ○ _____
- ○ _____
- ○ _____

Paper

- ○ _____
- ○ _____
- ○ _____
- ○ _____
- ○ _____
- ○ _____

Dairy

- ○ _____
- ○ _____
- ○ _____
- ○ _____
- ○ _____
- ○ _____
- ○ _____
- ○ _____
- ○ _____
- ○ _____
- ○ _____
- ○ _____
- ○ _____
- ○ _____

Miscellane

- ○ _____
- ○ _____
- ○ _____
- ○ _____
- ○ _____
- ○ _____

of.......

Weekly Meal Planner

Breakfast	Lunch	Dinner	Snack

Grocery list

Produce

- ○ _____
- ○ _____
- ○ _____
- ○ _____
- ○ _____
- ○ _____
- ○ _____
- ○ _____
- ○ _____
- ○ _____
- ○ _____
- ○ _____
- ○ _____
- ○ _____
- ○ _____
- ○ _____
- ○ _____

Meat

- ○ _____
- ○ _____
- ○ _____
- ○ _____
- ○ _____

Canned Goods

- ○ _____
- ○ _____
- ○ _____
- ○ _____
- ○ _____
- ○ _____

Frozen

- ○ _____
- ○ _____
- ○ _____
- ○ _____
- ○ _____
- ○ _____

Baking

- ○ _____
- ○ _____
- ○ _____
- ○ _____
- ○ _____
- ○ _____
- ○ _____
- ○ _____

Condiments

- ○ _____
- ○ _____
- ○ _____
- ○ _____
- ○ _____
- ○ _____
- ○ _____
- ○ _____
- ○ _____
- ○ _____

Drinks

- ○ _____
- ○ _____
- ○ _____
- ○ _____
- ○ _____
- ○ _____
- ○ _____

Cleaning

- ○ _____
- ○ _____
- ○ _____
- ○ _____
- ○ _____
- ○ _____
- ○ _____

Personal

- ○ _____
- ○ _____
- ○ _____
- ○ _____
- ○ _____
- ○ _____
- ○ _____
- ○ _____
- ○ _____
- ○ _____
- ○ _____
- ○ _____
- ○ _____

Paper

- ○ _____
- ○ _____
- ○ _____
- ○ _____
- ○ _____
- ○ _____

Miscellane

- ○ _____
- ○ _____
- ○ _____
- ○ _____
- ○ _____
- ○ _____

Dairy

- ○ _____
- ○ _____
- ○ _____
- ○ _____
- ○ _____
- ○ _____
- ○ _____
- ○ _____
- ○ _____
- ○ _____
- ○ _____
- ○ _____
- ○ _____

Weekly Meal Planner

Breakfast	Lunch	Dinner	Snack

Grocery list

Produce

○ _____
○ _____
○ _____
○ _____
○ _____
○ _____
○ _____
○ _____
○ _____
○ _____
○ _____
○ _____
○ _____
○ _____
○ _____
○ _____
○ _____
○ _____

Dairy

○ _____
○ _____
○ _____
○ _____
○ _____
○ _____
○ _____
○ _____
○ _____
○ _____
○ _____
○ _____
○ _____
○ _____

Meat

○ _____
○ _____
○ _____
○ _____
○ _____

Canned Goods

○ _____
○ _____
○ _____
○ _____
○ _____
○ _____

Frozen

○ _____
○ _____
○ _____
○ _____
○ _____
○ _____

Baking

○ _____
○ _____
○ _____
○ _____
○ _____
○ _____
○ _____
○ _____

Condiments

○ _____
○ _____
○ _____
○ _____
○ _____
○ _____
○ _____
○ _____

Drinks

○ _____
○ _____
○ _____
○ _____
○ _____
○ _____
○ _____
○ _____

Cleaning

○ _____
○ _____
○ _____
○ _____
○ _____
○ _____
○ _____

Personal

○ _____
○ _____
○ _____
○ _____
○ _____
○ _____
○ _____
○ _____
○ _____
○ _____
○ _____
○ _____

Paper

○ _____
○ _____
○ _____
○ _____
○ _____
○ _____

Miscellane

○ _____
○ _____
○ _____
○ _____
○ _____
○ _____

of.......

Weekly Meal Planner

Breakfast	Lunch	Dinner	Snack

Grocery list

Produce
- ○ _____
- ○ _____
- ○ _____
- ○ _____
- ○ _____
- ○ _____
- ○ _____
- ○ _____
- ○ _____
- ○ _____
- ○ _____
- ○ _____
- ○ _____
- ○ _____
- ○ _____
- ○ _____
- ○ _____

Meat
- ○ _____
- ○ _____
- ○ _____
- ○ _____
- ○ _____

Canned Goods
- ○ _____
- ○ _____
- ○ _____
- ○ _____
- ○ _____
- ○ _____

Frozen
- ○ _____
- ○ _____
- ○ _____
- ○ _____
- ○ _____
- ○ _____

Baking
- ○ _____
- ○ _____
- ○ _____
- ○ _____
- ○ _____
- ○ _____
- ○ _____
- ○ _____

Condiments
- ○ _____
- ○ _____
- ○ _____
- ○ _____
- ○ _____
- ○ _____
- ○ _____
- ○ _____
- ○ _____
- ○ _____

Drinks
- ○ _____
- ○ _____
- ○ _____
- ○ _____
- ○ _____
- ○ _____
- ○ _____

Cleaning
- ○ _____
- ○ _____
- ○ _____
- ○ _____
- ○ _____
- ○ _____
- ○ _____

Dairy
- ○ _____
- ○ _____
- ○ _____
- ○ _____
- ○ _____
- ○ _____
- ○ _____
- ○ _____
- ○ _____
- ○ _____
- ○ _____
- ○ _____
- ○ _____
- ○ _____

Personal
- ○ _____
- ○ _____
- ○ _____
- ○ _____
- ○ _____
- ○ _____
- ○ _____
- ○ _____
- ○ _____
- ○ _____
- ○ _____
- ○ _____

Paper
- ○ _____
- ○ _____
- ○ _____
- ○ _____
- ○ _____
- ○ _____

Miscellane
- ○ _____
- ○ _____
- ○ _____
- ○ _____
- ○ _____
- ○ _____

Weekly Meal Planner

Breakfast	Lunch	Dinner	Snack

Grocery list

Produce
- ○ _____
- ○ _____
- ○ _____
- ○ _____
- ○ _____
- ○ _____
- ○ _____
- ○ _____
- ○ _____
- ○ _____
- ○ _____
- ○ _____
- ○ _____
- ○ _____
- ○ _____
- ○ _____
- ○ _____
- ○ _____

Meat
- ○ _____
- ○ _____
- ○ _____
- ○ _____
- ○ _____

Canned Goods
- ○ _____
- ○ _____
- ○ _____
- ○ _____
- ○ _____
- ○ _____

Frozen
- ○ _____
- ○ _____
- ○ _____
- ○ _____
- ○ _____
- ○ _____

Condiments
- ○ _____
- ○ _____
- ○ _____
- ○ _____
- ○ _____
- ○ _____
- ○ _____
- ○ _____
- ○ _____

Drinks
- ○ _____
- ○ _____
- ○ _____
- ○ _____
- ○ _____
- ○ _____
- ○ _____
- ○ _____

Personal
- ○ _____
- ○ _____
- ○ _____
- ○ _____
- ○ _____
- ○ _____
- ○ _____
- ○ _____
- ○ _____
- ○ _____
- ○ _____

Paper
- ○ _____
- ○ _____
- ○ _____
- ○ _____
- ○ _____
- ○ _____

Dairy
- ○ _____
- ○ _____
- ○ _____
- ○ _____
- ○ _____
- ○ _____
- ○ _____
- ○ _____
- ○ _____
- ○ _____
- ○ _____
- ○ _____
- ○ _____
- ○ _____

Baking
- ○ _____
- ○ _____
- ○ _____
- ○ _____
- ○ _____
- ○ _____
- ○ _____
- ○ _____

Cleaning
- ○ _____
- ○ _____
- ○ _____
- ○ _____
- ○ _____
- ○ _____
- ○ _____
- ○ _____

Miscellane
- ○ _____
- ○ _____
- ○ _____
- ○ _____
- ○ _____
- ○ _____

Weekly Meal Planner

Breakfast	Lunch	Dinner	Snack

Grocery list

Produce

- ○ _____
- ○ _____
- ○ _____
- ○ _____
- ○ _____
- ○ _____
- ○ _____
- ○ _____
- ○ _____
- ○ _____
- ○ _____
- ○ _____
- ○ _____
- ○ _____
- ○ _____
- ○ _____

Dairy

- ○ _____
- ○ _____
- ○ _____
- ○ _____
- ○ _____
- ○ _____
- ○ _____
- ○ _____
- ○ _____
- ○ _____
- ○ _____
- ○ _____
- ○ _____
- ○ _____
- ○ _____

Meat

- ○ _____
- ○ _____
- ○ _____
- ○ _____
- ○ _____

Canned Goods

- ○ _____
- ○ _____
- ○ _____
- ○ _____
- ○ _____
- ○ _____

Frozen

- ○ _____
- ○ _____
- ○ _____
- ○ _____
- ○ _____
- ○ _____

Baking

- ○ _____
- ○ _____
- ○ _____
- ○ _____
- ○ _____
- ○ _____
- ○ _____

Condiments

- ○ _____
- ○ _____
- ○ _____
- ○ _____
- ○ _____
- ○ _____
- ○ _____
- ○ _____
- ○ _____

Drinks

- ○ _____
- ○ _____
- ○ _____
- ○ _____
- ○ _____
- ○ _____
- ○ _____

Cleaning

- ○ _____
- ○ _____
- ○ _____
- ○ _____
- ○ _____
- ○ _____
- ○ _____

Personal

- ○ _____
- ○ _____
- ○ _____
- ○ _____
- ○ _____
- ○ _____
- ○ _____
- ○ _____
- ○ _____
- ○ _____

Paper

- ○ _____
- ○ _____
- ○ _____
- ○ _____
- ○ _____
- ○ _____
- ○ _____

Miscellane

- ○ _____
- ○ _____
- ○ _____
- ○ _____
- ○ _____
- ○ _____

Weekly Meal Planner

Breakfast	Lunch	Dinner	Snack

Grocery list

Produce

○ _____
○ _____
○ _____
○ _____
○ _____
○ _____
○ _____
○ _____
○ _____
○ _____
○ _____
○ _____
○ _____
○ _____
○ _____
○ _____

Dairy

○ _____
○ _____
○ _____
○ _____
○ _____
○ _____
○ _____
○ _____
○ _____
○ _____
○ _____
○ _____
○ _____
○ _____
○ _____

Meat

○ _____
○ _____
○ _____
○ _____
○ _____

Canned Goods

○ _____
○ _____
○ _____
○ _____
○ _____
○ _____

Frozen

○ _____
○ _____
○ _____
○ _____
○ _____
○ _____

Baking

○ _____
○ _____
○ _____
○ _____
○ _____
○ _____
○ _____

Condiments

○ _____
○ _____
○ _____
○ _____
○ _____
○ _____
○ _____
○ _____
○ _____
○ _____

Drinks

○ _____
○ _____
○ _____
○ _____
○ _____
○ _____
○ _____

Cleaning

○ _____
○ _____
○ _____
○ _____
○ _____
○ _____
○ _____

Personal

○ _____
○ _____
○ _____
○ _____
○ _____
○ _____
○ _____
○ _____
○ _____
○ _____
○ _____
○ _____

Paper

○ _____
○ _____
○ _____
○ _____
○ _____
○ _____

Miscellane

○ _____
○ _____
○ _____
○ _____
○ _____
○ _____

Weekly Meal Planner

Breakfast	Lunch	Dinner	Snack

Grocery list

Produce
- ○ _____
- ○ _____
- ○ _____
- ○ _____
- ○ _____
- ○ _____
- ○ _____
- ○ _____
- ○ _____
- ○ _____
- ○ _____
- ○ _____
- ○ _____
- ○ _____
- ○ _____
- ○ _____
- ○ _____

Meat
- ○ _____
- ○ _____
- ○ _____
- ○ _____
- ○ _____

Canned Goods
- ○ _____
- ○ _____
- ○ _____
- ○ _____
- ○ _____
- ○ _____

Frozen
- ○ _____
- ○ _____
- ○ _____
- ○ _____
- ○ _____
- ○ _____

Baking
- ○ _____
- ○ _____
- ○ _____
- ○ _____
- ○ _____
- ○ _____
- ○ _____
- ○ _____

Condiments
- ○ _____
- ○ _____
- ○ _____
- ○ _____
- ○ _____
- ○ _____
- ○ _____
- ○ _____
- ○ _____
- ○ _____

Drinks
- ○ _____
- ○ _____
- ○ _____
- ○ _____
- ○ _____
- ○ _____
- ○ _____

Cleaning
- ○ _____
- ○ _____
- ○ _____
- ○ _____
- ○ _____
- ○ _____
- ○ _____
- ○ _____

Personal
- ○ _____
- ○ _____
- ○ _____
- ○ _____
- ○ _____
- ○ _____
- ○ _____
- ○ _____
- ○ _____
- ○ _____
- ○ _____
- ○ _____
- ○ _____

Paper
- ○ _____
- ○ _____
- ○ _____
- ○ _____
- ○ _____
- ○ _____

Dairy
- ○ _____
- ○ _____
- ○ _____
- ○ _____
- ○ _____
- ○ _____
- ○ _____
- ○ _____
- ○ _____
- ○ _____
- ○ _____
- ○ _____
- ○ _____
- ○ _____

Miscellane
- ○ _____
- ○ _____
- ○ _____
- ○ _____
- ○ _____
- ○ _____

Weekly Meal Planner

Breakfast	Lunch	Dinner	Snack

Grocery list

Produce
- ○ _____
- ○ _____
- ○ _____
- ○ _____
- ○ _____
- ○ _____
- ○ _____
- ○ _____
- ○ _____
- ○ _____
- ○ _____
- ○ _____
- ○ _____
- ○ _____
- ○ _____
- ○ _____

Dairy
- ○ _____
- ○ _____
- ○ _____
- ○ _____
- ○ _____
- ○ _____
- ○ _____
- ○ _____
- ○ _____
- ○ _____
- ○ _____
- ○ _____
- ○ _____

Meat
- ○ _____
- ○ _____
- ○ _____
- ○ _____
- ○ _____

Canned Goods
- ○ _____
- ○ _____
- ○ _____
- ○ _____
- ○ _____
- ○ _____

Frozen
- ○ _____
- ○ _____
- ○ _____
- ○ _____
- ○ _____
- ○ _____

Baking
- ○ _____
- ○ _____
- ○ _____
- ○ _____
- ○ _____
- ○ _____

Condiments
- ○ _____
- ○ _____
- ○ _____
- ○ _____
- ○ _____
- ○ _____
- ○ _____
- ○ _____
- ○ _____

Drinks
- ○ _____
- ○ _____
- ○ _____
- ○ _____
- ○ _____
- ○ _____
- ○ _____

Cleaning
- ○ _____
- ○ _____
- ○ _____
- ○ _____
- ○ _____
- ○ _____
- ○ _____

Personal
- ○ _____
- ○ _____
- ○ _____
- ○ _____
- ○ _____
- ○ _____
- ○ _____
- ○ _____
- ○ _____
- ○ _____

Paper
- ○ _____
- ○ _____
- ○ _____
- ○ _____
- ○ _____
- ○ _____

Miscellane
- ○ _____
- ○ _____
- ○ _____
- ○ _____
- ○ _____
- ○ _____
- ○ _____

Weekly Meal Planner

Breakfast	Lunch	Dinner	Snack

Grocery list

Produce
- ○ _____
- ○ _____
- ○ _____
- ○ _____
- ○ _____
- ○ _____
- ○ _____
- ○ _____
- ○ _____
- ○ _____
- ○ _____
- ○ _____
- ○ _____
- ○ _____
- ○ _____
- ○ _____
- ○ _____

Dairy
- ○ _____
- ○ _____
- ○ _____
- ○ _____
- ○ _____
- ○ _____
- ○ _____
- ○ _____
- ○ _____
- ○ _____
- ○ _____
- ○ _____
- ○ _____
- ○ _____
- ○ _____

Meat
- ○ _____
- ○ _____
- ○ _____
- ○ _____
- ○ _____

Canned Goods
- ○ _____
- ○ _____
- ○ _____
- ○ _____
- ○ _____
- ○ _____

Frozen
- ○ _____
- ○ _____
- ○ _____
- ○ _____
- ○ _____
- ○ _____

Baking
- ○ _____
- ○ _____
- ○ _____
- ○ _____
- ○ _____
- ○ _____
- ○ _____

Condiments
- ○ _____
- ○ _____
- ○ _____
- ○ _____
- ○ _____
- ○ _____
- ○ _____
- ○ _____
- ○ _____
- ○ _____

Drinks
- ○ _____
- ○ _____
- ○ _____
- ○ _____
- ○ _____
- ○ _____
- ○ _____
- ○ _____

Cleaning
- ○ _____
- ○ _____
- ○ _____
- ○ _____
- ○ _____
- ○ _____
- ○ _____
- ○ _____

Personal
- ○ _____
- ○ _____
- ○ _____
- ○ _____
- ○ _____
- ○ _____
- ○ _____
- ○ _____
- ○ _____
- ○ _____
- ○ _____
- ○ _____

Paper
- ○ _____
- ○ _____
- ○ _____
- ○ _____
- ○ _____
- ○ _____

Miscellane
- ○ _____
- ○ _____
- ○ _____
- ○ _____
- ○ _____
- ○ _____

Weekly Meal Planner

Breakfast	Lunch	Dinner	Snack

Grocery list

Produce

- ○ _____
- ○ _____
- ○ _____
- ○ _____
- ○ _____
- ○ _____
- ○ _____
- ○ _____
- ○ _____
- ○ _____
- ○ _____
- ○ _____
- ○ _____
- ○ _____
- ○ _____
- ○ _____
- ○ _____
- ○ _____

Dairy

- ○ _____
- ○ _____
- ○ _____
- ○ _____
- ○ _____
- ○ _____
- ○ _____
- ○ _____
- ○ _____
- ○ _____
- ○ _____
- ○ _____
- ○ _____
- ○ _____

Meat

- ○ _____
- ○ _____
- ○ _____
- ○ _____
- ○ _____

Canned Goods

- ○ _____
- ○ _____
- ○ _____
- ○ _____
- ○ _____
- ○ _____

Frozen

- ○ _____
- ○ _____
- ○ _____
- ○ _____
- ○ _____
- ○ _____

Baking

- ○ _____
- ○ _____
- ○ _____
- ○ _____
- ○ _____
- ○ _____
- ○ _____
- ○ _____

Condiments

- ○ _____
- ○ _____
- ○ _____
- ○ _____
- ○ _____
- ○ _____
- ○ _____
- ○ _____
- ○ _____
- ○ _____

Drinks

- ○ _____
- ○ _____
- ○ _____
- ○ _____
- ○ _____
- ○ _____

Cleaning

- ○ _____
- ○ _____
- ○ _____
- ○ _____
- ○ _____
- ○ _____
- ○ _____
- ○ _____

Personal

- ○ _____
- ○ _____
- ○ _____
- ○ _____
- ○ _____
- ○ _____
- ○ _____
- ○ _____
- ○ _____
- ○ _____
- ○ _____
- ○ _____
- ○ _____

Paper

- ○ _____
- ○ _____
- ○ _____
- ○ _____
- ○ _____
- ○ _____

Miscellane

- ○ _____
- ○ _____
- ○ _____
- ○ _____
- ○ _____
- ○ _____

Weekly Meal Planner

Breakfast	Lunch	Dinner	Snack

Grocery list

Produce
- ○ _____
- ○ _____
- ○ _____
- ○ _____
- ○ _____
- ○ _____
- ○ _____
- ○ _____
- ○ _____
- ○ _____
- ○ _____
- ○ _____
- ○ _____
- ○ _____
- ○ _____
- ○ _____
- ○ _____

Meat
- ○ _____
- ○ _____
- ○ _____
- ○ _____
- ○ _____

Canned Goods
- ○ _____
- ○ _____
- ○ _____
- ○ _____
- ○ _____
- ○ _____

Frozen
- ○ _____
- ○ _____
- ○ _____
- ○ _____
- ○ _____
- ○ _____

Dairy
- ○ _____
- ○ _____
- ○ _____
- ○ _____
- ○ _____
- ○ _____
- ○ _____
- ○ _____
- ○ _____
- ○ _____
- ○ _____
- ○ _____

Baking
- ○ _____
- ○ _____
- ○ _____
- ○ _____
- ○ _____
- ○ _____
- ○ _____

Condiments
- ○ _____
- ○ _____
- ○ _____
- ○ _____
- ○ _____
- ○ _____
- ○ _____
- ○ _____
- ○ _____

Drinks
- ○ _____
- ○ _____
- ○ _____
- ○ _____
- ○ _____
- ○ _____
- ○ _____

Cleaning
- ○ _____
- ○ _____
- ○ _____
- ○ _____
- ○ _____
- ○ _____
- ○ _____

Personal
- ○ _____
- ○ _____
- ○ _____
- ○ _____
- ○ _____
- ○ _____
- ○ _____
- ○ _____
- ○ _____
- ○ _____

Paper
- ○ _____
- ○ _____
- ○ _____
- ○ _____
- ○ _____

Miscellane
- ○ _____
- ○ _____
- ○ _____
- ○ _____
- ○ _____

Weekly Meal Planner

Breakfast	Lunch	Dinner	Snack

Grocery list

Produce

- ○ _____
- ○ _____
- ○ _____
- ○ _____
- ○ _____
- ○ _____
- ○ _____
- ○ _____
- ○ _____
- ○ _____
- ○ _____
- ○ _____
- ○ _____
- ○ _____
- ○ _____
- ○ _____
- ○ _____

Meat

- ○ _____
- ○ _____
- ○ _____
- ○ _____
- ○ _____

Canned Goods

- ○ _____
- ○ _____
- ○ _____
- ○ _____
- ○ _____
- ○ _____

Condiments

- ○ _____
- ○ _____
- ○ _____
- ○ _____
- ○ _____
- ○ _____
- ○ _____
- ○ _____
- ○ _____

Personal

- ○ _____
- ○ _____
- ○ _____
- ○ _____
- ○ _____
- ○ _____
- ○ _____
- ○ _____
- ○ _____
- ○ _____
- ○ _____

Dairy

- ○ _____
- ○ _____
- ○ _____
- ○ _____
- ○ _____
- ○ _____
- ○ _____
- ○ _____
- ○ _____
- ○ _____
- ○ _____
- ○ _____
- ○ _____
- ○ _____

Frozen

- ○ _____
- ○ _____
- ○ _____
- ○ _____
- ○ _____

Drinks

- ○ _____
- ○ _____
- ○ _____
- ○ _____
- ○ _____
- ○ _____
- ○ _____

Paper

- ○ _____
- ○ _____
- ○ _____
- ○ _____
- ○ _____
- ○ _____

Baking

- ○ _____
- ○ _____
- ○ _____
- ○ _____
- ○ _____
- ○ _____
- ○ _____

Cleaning

- ○ _____
- ○ _____
- ○ _____
- ○ _____
- ○ _____
- ○ _____
- ○ _____
- ○ _____

Miscellane

- ○ _____
- ○ _____
- ○ _____
- ○ _____
- ○ _____
- ○ _____

Weekly Meal Planner

Breakfast	Lunch	Dinner	Snack

Grocery list

Produce

- _____
- _____
- _____
- _____
- _____
- _____
- _____
- _____
- _____
- _____
- _____
- _____
- _____
- _____
- _____
- _____
- _____

Dairy

- _____
- _____
- _____
- _____
- _____
- _____
- _____
- _____
- _____
- _____
- _____
- _____
- _____
- _____
- _____

Meat

- _____
- _____
- _____
- _____
- _____

Canned Goods

- _____
- _____
- _____
- _____
- _____
- _____

Frozen

- _____
- _____
- _____
- _____
- _____
- _____

Baking

- _____
- _____
- _____
- _____
- _____
- _____
- _____
- _____

Condiments

- _____
- _____
- _____
- _____
- _____
- _____
- _____
- _____
- _____

Drinks

- _____
- _____
- _____
- _____
- _____
- _____
- _____

Cleaning

- _____
- _____
- _____
- _____
- _____
- _____
- _____

Personal

- _____
- _____
- _____
- _____
- _____
- _____
- _____
- _____
- _____
- _____
- _____
- _____
- _____

Paper

- _____
- _____
- _____
- _____
- _____
- _____

Miscellane

- _____
- _____
- _____
- _____
- _____
- _____
- _____

Weekly Meal Planner

of.......

Breakfast	Lunch	Dinner	Snack

Grocery list

Produce

- ○ _____
- ○ _____
- ○ _____
- ○ _____
- ○ _____
- ○ _____
- ○ _____
- ○ _____
- ○ _____
- ○ _____
- ○ _____
- ○ _____
- ○ _____
- ○ _____
- ○ _____
- ○ _____

Dairy

- ○ _____
- ○ _____
- ○ _____
- ○ _____
- ○ _____
- ○ _____
- ○ _____
- ○ _____
- ○ _____
- ○ _____
- ○ _____
- ○ _____
- ○ _____
- ○ _____
- ○ _____

Meat

- ○ _____
- ○ _____
- ○ _____
- ○ _____
- ○ _____

Canned Goods

- ○ _____
- ○ _____
- ○ _____
- ○ _____
- ○ _____
- ○ _____

Frozen

- ○ _____
- ○ _____
- ○ _____
- ○ _____
- ○ _____
- ○ _____

Baking

- ○ _____
- ○ _____
- ○ _____
- ○ _____
- ○ _____
- ○ _____
- ○ _____
- ○ _____

Condiments

- ○ _____
- ○ _____
- ○ _____
- ○ _____
- ○ _____
- ○ _____
- ○ _____
- ○ _____
- ○ _____
- ○ _____

Drinks

- ○ _____
- ○ _____
- ○ _____
- ○ _____
- ○ _____
- ○ _____
- ○ _____
- ○ _____

Cleaning

- ○ _____
- ○ _____
- ○ _____
- ○ _____
- ○ _____
- ○ _____
- ○ _____
- ○ _____

Personal

- ○ _____
- ○ _____
- ○ _____
- ○ _____
- ○ _____
- ○ _____
- ○ _____
- ○ _____
- ○ _____
- ○ _____
- ○ _____
- ○ _____

Paper

- ○ _____
- ○ _____
- ○ _____
- ○ _____
- ○ _____
- ○ _____

Miscellane

- ○ _____
- ○ _____
- ○ _____
- ○ _____
- ○ _____

Weekly Meal Planner

Breakfast	Lunch	Dinner	Snack

Grocery list

Produce

- ○ _____
- ○ _____
- ○ _____
- ○ _____
- ○ _____
- ○ _____
- ○ _____
- ○ _____
- ○ _____
- ○ _____
- ○ _____
- ○ _____
- ○ _____
- ○ _____
- ○ _____
- ○ _____
- ○ _____
- ○ _____

Meat

- ○ _____
- ○ _____
- ○ _____
- ○ _____
- ○ _____

Canned Goods

- ○ _____
- ○ _____
- ○ _____
- ○ _____
- ○ _____
- ○ _____

Frozen

- ○ _____
- ○ _____
- ○ _____
- ○ _____
- ○ _____
- ○ _____

Baking

- ○ _____
- ○ _____
- ○ _____
- ○ _____
- ○ _____
- ○ _____
- ○ _____

Condiments

- ○ _____
- ○ _____
- ○ _____
- ○ _____
- ○ _____
- ○ _____
- ○ _____
- ○ _____
- ○ _____

Drinks

- ○ _____
- ○ _____
- ○ _____
- ○ _____
- ○ _____
- ○ _____
- ○ _____

Cleaning

- ○ _____
- ○ _____
- ○ _____
- ○ _____
- ○ _____
- ○ _____
- ○ _____
- ○ _____

Personal

- ○ _____
- ○ _____
- ○ _____
- ○ _____
- ○ _____
- ○ _____
- ○ _____
- ○ _____
- ○ _____
- ○ _____
- ○ _____

Paper

- ○ _____
- ○ _____
- ○ _____
- ○ _____
- ○ _____
- ○ _____

Miscellane

- ○ _____
- ○ _____
- ○ _____
- ○ _____
- ○ _____

Dairy

- ○ _____
- ○ _____
- ○ _____
- ○ _____
- ○ _____
- ○ _____
- ○ _____
- ○ _____
- ○ _____
- ○ _____
- ○ _____
- ○ _____
- ○ _____
- ○ _____

Weekly Meal Planner

Breakfast	Lunch	Dinner	Snack

Grocery list

Produce
- ○ _____
- ○ _____
- ○ _____
- ○ _____
- ○ _____
- ○ _____
- ○ _____
- ○ _____
- ○ _____
- ○ _____
- ○ _____
- ○ _____
- ○ _____
- ○ _____
- ○ _____
- ○ _____
- ○ _____

Meat
- ○ _____
- ○ _____
- ○ _____
- ○ _____
- ○ _____

Canned Goods
- ○ _____
- ○ _____
- ○ _____
- ○ _____
- ○ _____
- ○ _____

Frozen
- ○ _____
- ○ _____
- ○ _____
- ○ _____
- ○ _____
- ○ _____

Baking
- ○ _____
- ○ _____
- ○ _____
- ○ _____
- ○ _____
- ○ _____
- ○ _____

Condiments
- ○ _____
- ○ _____
- ○ _____
- ○ _____
- ○ _____
- ○ _____
- ○ _____
- ○ _____
- ○ _____

Drinks
- ○ _____
- ○ _____
- ○ _____
- ○ _____
- ○ _____
- ○ _____
- ○ _____

Cleaning
- ○ _____
- ○ _____
- ○ _____
- ○ _____
- ○ _____
- ○ _____
- ○ _____
- ○ _____

Personal
- ○ _____
- ○ _____
- ○ _____
- ○ _____
- ○ _____
- ○ _____
- ○ _____
- ○ _____
- ○ _____
- ○ _____
- ○ _____

Paper
- ○ _____
- ○ _____
- ○ _____
- ○ _____
- ○ _____

Miscellane
- ○ _____
- ○ _____
- ○ _____
- ○ _____
- ○ _____
- ○ _____

Dairy
- ○ _____
- ○ _____
- ○ _____
- ○ _____
- ○ _____
- ○ _____
- ○ _____
- ○ _____
- ○ _____
- ○ _____
- ○ _____
- ○ _____
- ○ _____
- ○ _____

Weekly Meal Planner

Breakfast	Lunch	Dinner	Snack

Grocery list

Produce

- ○ _____
- ○ _____
- ○ _____
- ○ _____
- ○ _____
- ○ _____
- ○ _____
- ○ _____
- ○ _____
- ○ _____
- ○ _____
- ○ _____
- ○ _____
- ○ _____
- ○ _____
- ○ _____
- ○ _____

Dairy

- ○ _____
- ○ _____
- ○ _____
- ○ _____
- ○ _____
- ○ _____
- ○ _____
- ○ _____
- ○ _____
- ○ _____
- ○ _____
- ○ _____
- ○ _____
- ○ _____

Meat

- ○ _____
- ○ _____
- ○ _____
- ○ _____
- ○ _____

Canned Goods

- ○ _____
- ○ _____
- ○ _____
- ○ _____
- ○ _____
- ○ _____

Frozen

- ○ _____
- ○ _____
- ○ _____
- ○ _____
- ○ _____
- ○ _____

Baking

- ○ _____
- ○ _____
- ○ _____
- ○ _____
- ○ _____
- ○ _____
- ○ _____

Condiments

- ○ _____
- ○ _____
- ○ _____
- ○ _____
- ○ _____
- ○ _____
- ○ _____
- ○ _____
- ○ _____
- ○ _____
- ○ _____

Drinks

- ○ _____
- ○ _____
- ○ _____
- ○ _____
- ○ _____
- ○ _____
- ○ _____

Cleaning

- ○ _____
- ○ _____
- ○ _____
- ○ _____
- ○ _____
- ○ _____
- ○ _____

Personal

- ○ _____
- ○ _____
- ○ _____
- ○ _____
- ○ _____
- ○ _____
- ○ _____
- ○ _____
- ○ _____
- ○ _____
- ○ _____
- ○ _____

Paper

- ○ _____
- ○ _____
- ○ _____
- ○ _____
- ○ _____
- ○ _____
- ○ _____

Miscellane

- ○ _____
- ○ _____
- ○ _____
- ○ _____
- ○ _____
- ○ _____
- ○ _____

Weekly Meal Planner

of.......

Breakfast	Lunch	Dinner	Snack

Grocery list

Produce

- ○ _____
- ○ _____
- ○ _____
- ○ _____
- ○ _____
- ○ _____
- ○ _____
- ○ _____
- ○ _____
- ○ _____
- ○ _____
- ○ _____
- ○ _____
- ○ _____
- ○ _____
- ○ _____
- ○ _____

Dairy

- ○ _____
- ○ _____
- ○ _____
- ○ _____
- ○ _____
- ○ _____
- ○ _____
- ○ _____
- ○ _____
- ○ _____
- ○ _____
- ○ _____
- ○ _____
- ○ _____
- ○ _____

Meat

- ○ _____
- ○ _____
- ○ _____
- ○ _____
- ○ _____

Canned Goods

- ○ _____
- ○ _____
- ○ _____
- ○ _____
- ○ _____
- ○ _____

Frozen

- ○ _____
- ○ _____
- ○ _____
- ○ _____
- ○ _____
- ○ _____

Baking

- ○ _____
- ○ _____
- ○ _____
- ○ _____
- ○ _____
- ○ _____
- ○ _____
- ○ _____
- ○ _____

Condiments

- ○ _____
- ○ _____
- ○ _____
- ○ _____
- ○ _____
- ○ _____
- ○ _____
- ○ _____
- ○ _____

Drinks

- ○ _____
- ○ _____
- ○ _____
- ○ _____
- ○ _____
- ○ _____
- ○ _____
- ○ _____

Cleaning

- ○ _____
- ○ _____
- ○ _____
- ○ _____
- ○ _____
- ○ _____
- ○ _____
- ○ _____

Personal

- ○ _____
- ○ _____
- ○ _____
- ○ _____
- ○ _____
- ○ _____
- ○ _____
- ○ _____
- ○ _____
- ○ _____
- ○ _____

Paper

- ○ _____
- ○ _____
- ○ _____
- ○ _____
- ○ _____
- ○ _____

Miscellane

- ○ _____
- ○ _____
- ○ _____
- ○ _____
- ○ _____

of.......

Weekly Meal Planner

Breakfast	Lunch	Dinner	Snack

Grocery list

Produce
- ○ _____
- ○ _____
- ○ _____
- ○ _____
- ○ _____
- ○ _____
- ○ _____
- ○ _____
- ○ _____
- ○ _____
- ○ _____
- ○ _____
- ○ _____
- ○ _____
- ○ _____
- ○ _____
- ○ _____

Dairy
- ○ _____
- ○ _____
- ○ _____
- ○ _____
- ○ _____
- ○ _____
- ○ _____
- ○ _____
- ○ _____
- ○ _____
- ○ _____
- ○ _____
- ○ _____
- ○ _____

Meat
- ○ _____
- ○ _____
- ○ _____
- ○ _____
- ○ _____

Canned Goods
- ○ _____
- ○ _____
- ○ _____
- ○ _____
- ○ _____
- ○ _____

Frozen
- ○ _____
- ○ _____
- ○ _____
- ○ _____
- ○ _____
- ○ _____

Baking
- ○ _____
- ○ _____
- ○ _____
- ○ _____
- ○ _____
- ○ _____
- ○ _____
- ○ _____

Condiments
- ○ _____
- ○ _____
- ○ _____
- ○ _____
- ○ _____
- ○ _____
- ○ _____
- ○ _____

Drinks
- ○ _____
- ○ _____
- ○ _____
- ○ _____
- ○ _____
- ○ _____
- ○ _____
- ○ _____

Cleaning
- ○ _____
- ○ _____
- ○ _____
- ○ _____
- ○ _____
- ○ _____
- ○ _____
- ○ _____

Personal
- ○ _____
- ○ _____
- ○ _____
- ○ _____
- ○ _____
- ○ _____
- ○ _____
- ○ _____
- ○ _____
- ○ _____

Paper
- ○ _____
- ○ _____
- ○ _____
- ○ _____
- ○ _____
- ○ _____

Miscellane
- ○ _____
- ○ _____
- ○ _____
- ○ _____
- ○ _____
- ○ _____

Weekly Meal Planner

Breakfast	Lunch	Dinner	Snack

Grocery list

Produce
- ○ _____
- ○ _____
- ○ _____
- ○ _____
- ○ _____
- ○ _____
- ○ _____
- ○ _____
- ○ _____
- ○ _____
- ○ _____
- ○ _____
- ○ _____
- ○ _____
- ○ _____
- ○ _____
- ○ _____

Meat
- ○ _____
- ○ _____
- ○ _____
- ○ _____
- ○ _____

Canned Goods
- ○ _____
- ○ _____
- ○ _____
- ○ _____
- ○ _____
- ○ _____

Frozen
- ○ _____
- ○ _____
- ○ _____
- ○ _____
- ○ _____
- ○ _____

Baking
- ○ _____
- ○ _____
- ○ _____
- ○ _____
- ○ _____
- ○ _____
- ○ _____
- ○ _____

Condiments
- ○ _____
- ○ _____
- ○ _____
- ○ _____
- ○ _____
- ○ _____
- ○ _____
- ○ _____
- ○ _____
- ○ _____
- ○ _____

Drinks
- ○ _____
- ○ _____
- ○ _____
- ○ _____
- ○ _____
- ○ _____
- ○ _____
- ○ _____

Cleaning
- ○ _____
- ○ _____
- ○ _____
- ○ _____
- ○ _____
- ○ _____
- ○ _____
- ○ _____
- ○ _____

Personal
- ○ _____
- ○ _____
- ○ _____
- ○ _____
- ○ _____
- ○ _____
- ○ _____
- ○ _____
- ○ _____
- ○ _____
- ○ _____
- ○ _____
- ○ _____

Paper
- ○ _____
- ○ _____
- ○ _____
- ○ _____
- ○ _____
- ○ _____
- ○ _____

Miscellane
- ○ _____
- ○ _____
- ○ _____
- ○ _____
- ○ _____
- ○ _____
- ○ _____

Dairy
- ○ _____
- ○ _____
- ○ _____
- ○ _____
- ○ _____
- ○ _____
- ○ _____
- ○ _____
- ○ _____
- ○ _____
- ○ _____
- ○ _____
- ○ _____
- ○ _____

Weekly Meal Planner

Breakfast	Lunch	Dinner	Snack

Grocery list

Produce
- ○ _____
- ○ _____
- ○ _____
- ○ _____
- ○ _____
- ○ _____
- ○ _____
- ○ _____
- ○ _____
- ○ _____
- ○ _____
- ○ _____
- ○ _____
- ○ _____
- ○ _____
- ○ _____
- ○ _____
- ○ _____

Meat
- ○ _____
- ○ _____
- ○ _____
- ○ _____
- ○ _____

Canned Goods
- ○ _____
- ○ _____
- ○ _____
- ○ _____
- ○ _____
- ○ _____

Frozen
- ○ _____
- ○ _____
- ○ _____
- ○ _____
- ○ _____
- ○ _____

Condiments
- ○ _____
- ○ _____
- ○ _____
- ○ _____
- ○ _____
- ○ _____
- ○ _____
- ○ _____
- ○ _____
- ○ _____
- ○ _____

Drinks
- ○ _____
- ○ _____
- ○ _____
- ○ _____
- ○ _____
- ○ _____
- ○ _____

Personal
- ○ _____
- ○ _____
- ○ _____
- ○ _____
- ○ _____
- ○ _____
- ○ _____
- ○ _____
- ○ _____
- ○ _____
- ○ _____
- ○ _____

Paper
- ○ _____
- ○ _____
- ○ _____
- ○ _____
- ○ _____
- ○ _____

Dairy
- ○ _____
- ○ _____
- ○ _____
- ○ _____
- ○ _____
- ○ _____
- ○ _____
- ○ _____
- ○ _____
- ○ _____
- ○ _____
- ○ _____
- ○ _____
- ○ _____

Baking
- ○ _____
- ○ _____
- ○ _____
- ○ _____
- ○ _____
- ○ _____
- ○ _____

Cleaning
- ○ _____
- ○ _____
- ○ _____
- ○ _____
- ○ _____
- ○ _____
- ○ _____
- ○ _____

Miscellane
- ○ _____
- ○ _____
- ○ _____
- ○ _____
- ○ _____
- ○ _____
- ○ _____

Weekly Meal Planner

Breakfast	Lunch	Dinner	Snack

Grocery list

Produce
- _____
- _____
- _____
- _____
- _____
- _____
- _____
- _____
- _____
- _____
- _____
- _____
- _____
- _____
- _____
- _____
- _____
- _____

Dairy
- _____
- _____
- _____
- _____
- _____
- _____
- _____
- _____
- _____
- _____
- _____
- _____
- _____
- _____
- _____

Meat
- _____
- _____
- _____
- _____
- _____

Canned Goods
- _____
- _____
- _____
- _____
- _____
- _____

Frozen
- _____
- _____
- _____
- _____
- _____
- _____

Baking
- _____
- _____
- _____
- _____
- _____
- _____
- _____

Condiments
- _____
- _____
- _____
- _____
- _____
- _____
- _____
- _____
- _____
- _____
- _____

Drinks
- _____
- _____
- _____
- _____
- _____
- _____
- _____

Cleaning
- _____
- _____
- _____
- _____
- _____
- _____
- _____
- _____

Personal
- _____
- _____
- _____
- _____
- _____
- _____
- _____
- _____
- _____
- _____
- _____

Paper
- _____
- _____
- _____
- _____
- _____
- _____

Miscellane
- _____
- _____
- _____
- _____
- _____

Weekly Meal Planner

Breakfast	Lunch	Dinner	Snack

Grocery list

Produce

- ○ _____
- ○ _____
- ○ _____
- ○ _____
- ○ _____
- ○ _____
- ○ _____
- ○ _____
- ○ _____
- ○ _____
- ○ _____
- ○ _____
- ○ _____
- ○ _____
- ○ _____
- ○ _____
- ○ _____

Meat

- ○ _____
- ○ _____
- ○ _____
- ○ _____
- ○ _____

Canned Goods

- ○ _____
- ○ _____
- ○ _____
- ○ _____
- ○ _____
- ○ _____

Condiments

- ○ _____
- ○ _____
- ○ _____
- ○ _____
- ○ _____
- ○ _____
- ○ _____
- ○ _____
- ○ _____
- ○ _____
- ○ _____

Personal

- ○ _____
- ○ _____
- ○ _____
- ○ _____
- ○ _____
- ○ _____
- ○ _____
- ○ _____
- ○ _____
- ○ _____
- ○ _____

Dairy

- ○ _____
- ○ _____
- ○ _____
- ○ _____
- ○ _____
- ○ _____
- ○ _____
- ○ _____
- ○ _____
- ○ _____
- ○ _____
- ○ _____
- ○ _____
- ○ _____
- ○ _____

Frozen

- ○ _____
- ○ _____
- ○ _____
- ○ _____
- ○ _____
- ○ _____

Drinks

- ○ _____
- ○ _____
- ○ _____
- ○ _____
- ○ _____
- ○ _____
- ○ _____

Paper

- ○ _____
- ○ _____
- ○ _____
- ○ _____
- ○ _____
- ○ _____

Baking

- ○ _____
- ○ _____
- ○ _____
- ○ _____
- ○ _____
- ○ _____
- ○ _____

Cleaning

- ○ _____
- ○ _____
- ○ _____
- ○ _____
- ○ _____
- ○ _____
- ○ _____

Miscellane

- ○ _____
- ○ _____
- ○ _____
- ○ _____
- ○ _____

Weekly Meal Planner

Breakfast	Lunch	Dinner	Snack

Grocery list

Produce
- ○ _____
- ○ _____
- ○ _____
- ○ _____
- ○ _____
- ○ _____
- ○ _____
- ○ _____
- ○ _____
- ○ _____
- ○ _____
- ○ _____
- ○ _____
- ○ _____
- ○ _____
- ○ _____
- ○ _____
- ○ _____

Meat
- ○ _____
- ○ _____
- ○ _____
- ○ _____
- ○ _____

Canned Goods
- ○ _____
- ○ _____
- ○ _____
- ○ _____
- ○ _____
- ○ _____

Frozen
- ○ _____
- ○ _____
- ○ _____
- ○ _____
- ○ _____

Baking
- ○ _____
- ○ _____
- ○ _____
- ○ _____
- ○ _____
- ○ _____
- ○ _____

Condiments
- ○ _____
- ○ _____
- ○ _____
- ○ _____
- ○ _____
- ○ _____
- ○ _____
- ○ _____
- ○ _____
- ○ _____

Drinks
- ○ _____
- ○ _____
- ○ _____
- ○ _____
- ○ _____
- ○ _____
- ○ _____

Cleaning
- ○ _____
- ○ _____
- ○ _____
- ○ _____
- ○ _____
- ○ _____
- ○ _____
- ○ _____

Personal
- ○ _____
- ○ _____
- ○ _____
- ○ _____
- ○ _____
- ○ _____
- ○ _____
- ○ _____
- ○ _____
- ○ _____
- ○ _____

Paper
- ○ _____
- ○ _____
- ○ _____
- ○ _____
- ○ _____
- ○ _____

Miscellane
- ○ _____
- ○ _____
- ○ _____
- ○ _____
- ○ _____
- ○ _____
- ○ _____

Dairy
- ○ _____
- ○ _____
- ○ _____
- ○ _____
- ○ _____
- ○ _____
- ○ _____
- ○ _____
- ○ _____
- ○ _____
- ○ _____
- ○ _____
- ○ _____
- ○ _____

Weekly Meal Planner

Breakfast	Lunch	Dinner	Snack

Grocery list

Produce
○ _____
○ _____
○ _____
○ _____
○ _____
○ _____
○ _____
○ _____
○ _____
○ _____
○ _____
○ _____
○ _____
○ _____
○ _____
○ _____

Meat
○ _____
○ _____
○ _____
○ _____
○ _____

Canned Goods
○ _____
○ _____
○ _____
○ _____
○ _____
○ _____

Frozen
○ _____
○ _____
○ _____
○ _____
○ _____
○ _____

Baking
○ _____
○ _____
○ _____
○ _____
○ _____
○ _____
○ _____
○ _____

Condiments
○ _____
○ _____
○ _____
○ _____
○ _____
○ _____
○ _____
○ _____

Drinks
○ _____
○ _____
○ _____
○ _____
○ _____
○ _____
○ _____
○ _____

Cleaning
○ _____
○ _____
○ _____
○ _____
○ _____
○ _____
○ _____

Personal
○ _____
○ _____
○ _____
○ _____
○ _____
○ _____
○ _____
○ _____
○ _____
○ _____
○ _____

Paper
○ _____
○ _____
○ _____
○ _____
○ _____
○ _____

Miscellane
○ _____
○ _____
○ _____
○ _____
○ _____
○ _____

Dairy
○ _____
○ _____
○ _____
○ _____
○ _____
○ _____
○ _____
○ _____
○ _____
○ _____
○ _____
○ _____
○ _____
○ _____

Weekly Meal Planner

Breakfast	Lunch	Dinner	Snack

Grocery list

Produce
- ○ _____
- ○ _____
- ○ _____
- ○ _____
- ○ _____
- ○ _____
- ○ _____
- ○ _____
- ○ _____
- ○ _____
- ○ _____
- ○ _____
- ○ _____
- ○ _____
- ○ _____
- ○ _____
- ○ _____

Meat
- ○ _____
- ○ _____
- ○ _____
- ○ _____
- ○ _____

Canned Goods
- ○ _____
- ○ _____
- ○ _____
- ○ _____
- ○ _____
- ○ _____

Frozen
- ○ _____
- ○ _____
- ○ _____
- ○ _____
- ○ _____
- ○ _____

Baking
- ○ _____
- ○ _____
- ○ _____
- ○ _____
- ○ _____
- ○ _____

Condiments
- ○ _____
- ○ _____
- ○ _____
- ○ _____
- ○ _____
- ○ _____
- ○ _____
- ○ _____
- ○ _____
- ○ _____
- ○ _____

Drinks
- ○ _____
- ○ _____
- ○ _____
- ○ _____
- ○ _____
- ○ _____
- ○ _____

Cleaning
- ○ _____
- ○ _____
- ○ _____
- ○ _____
- ○ _____
- ○ _____

Persona
- ○ _____
- ○ _____
- ○ _____
- ○ _____
- ○ _____
- ○ _____
- ○ _____
- ○ _____
- ○ _____
- ○ _____
- ○ _____
- ○ _____

Paper
- ○ _____
- ○ _____
- ○ _____
- ○ _____
- ○ _____
- ○ _____

Miscellan
- ○ _____
- ○ _____
- ○ _____
- ○ _____
- ○ _____
- ○ _____
- ○ _____

Dairy
- ○ _____
- ○ _____
- ○ _____
- ○ _____
- ○ _____
- ○ _____
- ○ _____
- ○ _____
- ○ _____
- ○ _____
- ○ _____
- ○ _____
- ○ _____
- ○ _____
- ○ _____

Made in the USA
Middletown, DE
11 September 2024